Prólogo

Este libro es una antología de trabajos literarios que vengo acumulando desde aproximadamente dos décadas. Se trata de diversas técnicas literarias como Poemas y Relatos Románticos básicamente sobre la Pasión, la Fe, el Amor, y la Esperanza de que el Universo me obsequiara con esa "segunda oportunidad" que todos anhelamos cuando equivocamos el camino.

Diferentes etapas de mi vida con defectos y virtudes, donde la tristeza se mezcla siempre con la felicidad y el amor es la inspiración donde se fundamenta la vida misma.

Espero los emocione, como me pasó cuando los escribí, y hoy al repasar nuevamente cada línea, no puedo evitar que mis lágrimas broten suaves y tibias por mis mejillas, llevando a mi memoria tantos recuerdos.

Índice

VEREDAS

Silenciosos testigos de nuestras alegrías y fracasos, en cada baldosa una historia de nuestras vidas, acompañándonos en cada paso, construyéndose a sí mismas al tiempo que buscamos nuestra identidad.

VEREDAS DE AYER...

VEREDAS DE HOY...

VEREDAS DE SIEMPRE.

Autor: Gerardo Heinrich

MIS RAÍCES

Surges de mi imaginación y en ella busco mis raíces, me
interno en ti con profundo anhelo,
y me siento envejecer entre recuerdos y tiempo, figuras
y sombras entre mis sueños nuevos.

Imagino mis raíces, sueño en el tiempo eterno,
inmaduro y fugaz como la vida surges,
y entre mis dedos te escurres,
como las sombras se ocultan en la oscuridad.

Te sigo, busco y corro con el aliento por estallar, recorro
tus voces lejanas, sin poder escuchar,
anido tus fibras entre mis dedos
que humedecen mis lágrimas por tanto buscar.

Y a pesar de mis esfuerzos la realidad me abraza,
me asfixia, me quema.
La noche termina y el sol acaricia mis ojos,
recordándome que el nuevo día va a comenzar,
y sonrío, sonrío a la noche, que me aguarda impaciente,
para volver a soñar.

A LA DISTANCIA TE RECUERDO

A la distancia te recuerdo

y el recuerdo me trae ríos,

serpenteando en mi memoria.

También está la suavidad de la pradera,

del color de las flores marcando el inicio de la

primavera, inocente, subyugante,

llena de perfumes que la naturaleza nos regala,

buscando en nuestros sentidos el cambio,

la diferencia entre el existir y el sentir.

A la distancia te recuerdo ojos inquietos,

fotografiando para la eternidad el retrato de la vida.

Ese retrato que nos llevamos en el camino final y que

permanecerá en nuestra esencia cuando volvamos.

Ese retrato que nos deja la posibilidad de volver a sentir,

de volver a vivir con la misma intensidad de otrora,

dejándonos en el alma el sabor dulce de la nostalgia.

A la distancia, te recuerdo y tan cerca tu cuerpo siento que recorre por mi espalda un calosfrío que me estremece, que abre el baúl que una vez cerraste y yo no volví a abrir porque no fue tu mano, sino la tristeza que lo hizo y nunca volviste a sonreír.

A la distancia, te recuerdo y a mi lado estás, serena, con tu carita en paz, tu mirada perdida, sin luz.
Tu mano sobre la mía, aún cálida y una lágrima en mi rostro murmurando un, hasta pronto.

¡BIENVENIDA!!!

Que la miseria no cubra tu piel.

Que el deseo no te sea infiel.

Que el destino no esquive tu camino.

Que el sol no cierre tus ojos y te impida ver

el azul del cielo al amanecer.

Que el dolor no estruje tu corazón

y sangren tus labios impidiendo sentir

la humedad de los míos,

que te dan la bienvenida a mi corazón.

¿CÓMO AMANECISTE HOY?

No sé; es difícil para mí poder decirte, porque decirte es darme cuenta, y estoy prefiriendo no hacerlo.

Todos los días es un poco igual a los demás, y otros es un poco menos a mañana, y mis amaneceres están llenos de muchos mañanas.

Y tengo mañanas de sol, mañanas grises y…. hasta sin luz.

Impenetrables llenas de silencios interminables, de sombras que rozan mi piel causándome dolor, moviendo mi cuerpo sin control, estirándose y encogiéndose bruscamente.

Me llena de miedo, de angustia y otra mañana pasa, y otro día con su noche, agotada de incertidumbres y nuevas mañanas.

¿Cómo amaneciste hoy? ¿Cómo?

A tu lado, abrazada, contenida, mimada, comprendida y…. dolorida.

Pero con tu amor, con tu infinito amor que me atrapa y me muestra los colores de otro amanecer. Que, sin decirme, me toma de la mano del alma y me deja en un campo de flores para que libremente dance y perciba sus aromas y colores y al volver, el dolor que dejé, aburrido de esperarme se haya ido y dejado un mensaje sobre la almohada que reza así: "Te dejo con tristeza, después de haber convivido tantos años contigo. Esta decisión es inapelable, te ruego no hagas una escena por mi lejanía; tú y yo sabemos que en el fondo, quedará esa sensación de que estuve, pero el envidioso amor me aparta de ti. Sólo espero no me tengas rencor por todo lo que te hice sufrir, pero (como tú sabes) todo tiene un motivo, y tú ahora, que me he alejado para siempre, verás manifestarse ante ti, todos los colores, ¡todos los aromas y en el grito "YO PUEDOOOO!!!" habré muerto.

Sólo me queda pedirte algo "Libérate En El Amor Y Brillarás En La Eternidad". -

Saludos atentos "

Firma "El Dolor"

CRIMEN AL AMOR

Cuántas lágrimas brotarán de mi corazón,

y cuántas vidas pasarán para olvidar.

Cuántas veces diré: "No"

con el dolor prendido en mis labios.

Diré: "No"

y mi corazón llorará.

Diré: "No"

y mis labios se abrirán en rebeldía,

gritando en silencio, sin voz.

Temblarán con dolor,

hasta que la sangre brote y caiga inerte,

en la soledad de la calle,

con la noche como testigo silencioso,

del crimen, al Amor.

CUANDO ESTEMOS VIEJOS,

TE PROMETO...

Me llevaré tu mirada astuta y cálida.
Me llevaré tus manos artífices de mi alma.
Me llevaré tus ojos, cristalino manantial de pureza.
Me llevaré tus labios de fresa y miel,
donde el dolor es olvido.
Me llevaré tus caricias, porque en ellas
encuentro la serenidad.

Dejaré mi corazón que late en tu recuerdo.
Dejaré mis temores porque tu amor, es paz.
Dejaré libres mis lágrimas en tu pecho,
para que las conviertas en dulce néctar de felicidad.
Dejaré todas mis incertidumbres,
porque son certezas en tu corazón.

Agradeceré contigo nuestras mañanas
y bendeciré todas nuestras noches.
Le mentiremos al espejo cada año
y seremos novios, cuando estemos viejos.

En cada estación...

Brindaremos por el verano que nos conforta.
Brindaremos por el otoño cuando refresca nuestra piel.

Brindaremos por el invierno porque llena nuestras tardes
de mate, recuerdos y cálidas tertulias.

Y en primavera, porque ella acelera nuestro corazón en
nuestros días y sus noches,
con horas llenas de poesía y plenas de amor.

Cuando estemos viejos te prometo...
que te seguiré "AMANDO" como la primera vez, siendo
el Universo nuestro único testigo.

DIBÚJAME...

Dibújame un paisaje
que sientas que es tu sueño,
una flor que sea tu esperanza,
un árbol con tus raíces
y un cielo por explorar.
Dibújame tus ojos, y en ellos veré
el claro de las aguas del río,
cristalina espuma de tu esencia
que envuelta en una sonrisa
se vuelca en el inmenso mar.

Dibújame la luna y sus misterios,
el reflejo de su luz color plata
besando tus labios su imagen,
y los ojos llenitos de magia.

Dibújame al niño y al anciano
que en sus manos llevan
el futuro y la historia
que la memoria no quiere olvidar.

Dibújame la madre
con su inmaculado dolor parido,
con sus senos llenos de vida
y el vientre por estallar.

Dibújame… no sé,
algo diferente al ocaso
con un sol feliz y sonriente,
con la Estrella del Sur a tus pies.

Dibújame tus manos
aunque el dolor cubra tu piel,
dibújalas… de todas formas
para cuando ya no estés.

Dibújame…tu alma de un solo trazo,
como lienzo el cielo y la luz del corazón,
Dibújame…no sé, lo que realmente sientas,
pero nunca olvides…una mañana de sol.

EL ADIÓS

Es tan difícil el adiós que en la distancia nunca llega.
Es tan difícil el adiós porque en el mañana se recuerda.
Decir adiós es olvido, y olvidar nunca podría, decir
adiós es perdón y perdonar ya no sería.

El día que me faltaste, pedí perdón,
y no hubo adiós, aunque perdonaste,
no hubo adiós.
La pena en tu rostro quebraba tu frente,
dolía en tus ojos, dolía tu muerte.

Los días y los meses,
precedían silencios intensos,
tu silueta asomaba en el cálido sol del frío invierno, y mi
mirada vagaba en el dolor de mi corazón.

Y ADIÓS ya no habrá, como no hay perdón,
por el intenso silencio que nos trae el frío del recuerdo.

Quizás no sepa decir adiós porque recuerdo la luz,
quebrada en tus labios y el frío de tus dedos inhertes
sobre los míos, alejando el dolor de un adiós.

EXTRAÑAR

Extrañar, te extraño

y extrañar no quiero,

quiero sentirte cerca

y nunca tan lejos.

Extrañar, te extraño

y extrañar no quiero,

se ilumina mi cara

en tus ojos de cielo.

Extrañar, te extraño

pero ya no quiero,

me fundiré en tus labios

en un beso eterno.

PENSAMIENTOS

Dios sonríe cuando te miro
y en un rincón del cielo,
los ángeles celosos observan
tu mirada llena de paz
invocando mi corazón en las estrellas. -

Guarda el recuerdo de mí en este instante, porque lo que
fui no lo recuerdo y, seguramente lo que seré, nunca lo
sabré. -

Entiendo tus lágrimas, pero no tu angustia.
Entiendo tus temores, pero no tu dolor.
Entiendo tu soledad, pero no tu silencio.

Tus manos temblorosas quieren atrapar el tiempo, pero
el tiempo me lleva, me lleva lejos de tu amor,
de la calidez de tu mirada, y la caricia de tus manos.

Hace una hora fui, lo que no seré en la siguiente.
Atrapemos este instante único, sin angustia,
dolor o silencio, busquemos la chispa del amor eterno,
y salvaremos el recuerdo.

PERMÍTEME

Permíteme ver, y también creer.

Permíteme correr, y luego caminar.

Permíteme sonreír, y luego llorar.

Permíteme tratar, y luego descansar.

Permíteme sufrir, para contar por qué.

Permíteme llegar, pero nunca partir.

Porque moriría en mi soledad,

aunque Dios, me permita vivir.

QUE LA VIDA NO NOS SUELTE LA MANO...

Que la vida no nos suelte la mano,
que a tu lado, me encuentre siempre,
que tus ojos sigan brillando
con la calidez de aquella tarde de otoño.

Que no me atrape la mañana sin rozar tu
brazo, murmurando "Buen día mi amor"
y abrazándote, descansemos un
momento más antes del desayuno.

Y en la mesa regalarte la sonrisa que
tanto te gusta, para ver la tuya
floreciendo, entre el humo del café.

Distraerte con un "Te quiero" cuando
compartimos el mate amargo más dulce
de mis sueños, sonreír en mi corazón,
buscando el tuyo en mis ojos,
desempañando las nubes tristes
que dejan tu mirada perdida en un recuerdo.

Que la vida, retrate nuestras arrugas en
el alma, que el tiempo me recuerde
siempre quien eres,
y el viento, despeine nuestras angustias
y desvelos, fundidos en aquel abrazo de
amor, donde estalló nuestro corazón y
se detuvo... el Universo.

Que la vida no nos suelte la mano,
porque la soledad sin ti, muerte es,
y contigo, en la muerte...no creo.

¿SABES QUIÉN SOY?

Tal vez observándome, te digas que no soy más que un mendigo.

Tal vez pienses, que busco la oportunidad para robarte.

Tal vez pienses, que espero la señal de mi cómplice para recoger el botín.

Tal vez creas, que estoy observando el farol, con esa mirada lánguida y tonta viendo como el fuego consume la vela, con la misma rapidez que el tiempo consume mi cuerpo.

Tal vez, esa mirada sea sólo el resultado, de intentar que la pálida luz del farol, atraviese las tinieblas de mi mente, para recordar qué estoy haciendo aquí.
Pero en realidad, es mi hogar el que veo, y en él, la hija que perdí y jamás olvidé.
Si me observas bien, verás, que mi mirada, es de recuerdo doloroso y lejano. Que mis manos acompañan la nostalgia de la mirada buscando en los recuerdos y causando angustia en este viejo corazón, acariciando mis pensamientos. El dolor aprieta mi alma humedeciendo mis ojos.
Mi boca, buscando las palabras tanto tiempo calladas, gritando en el silencio,
"Sabes quién soy?"
Hija, soy tu padre, aquí estoy,

"¡TE AMO!" … "¡TE AMO!"

Y el silencio envuelve mi desesperación en la solitaria vereda.
Y lo único que balbuceo, en un hilo de voz apenas audible, es esa pregunta, que nunca será respondida:

"Sabes quién soy?"… "Sabes quién soy?".

YA ES HORA

En la piel de los muertos, vivo
y en la piel de los vivos, muero.
En tu piel amor, existo
porque en ella, estoy contigo.

Qué diría nuestro eterno,
de saber que tu piel es mi piel,
que no fue él su mentor
sino que fue el amor.

Ese amor, incansable amor,
más anciano que la eternidad,
inalcanzable como el futuro
guardado celosamente a la vida.

Ese amor, razón de la existencia,
que lo confunden en la vanidad,
que lo matan con el egoísmo,
es nuestro amor, hoy mismo.

Pero distinto, con ilusión.
Pero distinto, sin tinieblas,
de lo profundo del sentimiento
sobreviviente eterno.

Ese amor encontrado y nunca perdido,
soñado y nunca merecido.
Ya es hora, amor solitario.
Ya es hora… eres mío.

AUSENCIA

Cuando en la luz de la ventana
se dibuje una nube
en triste contraste con el sol,
sabrás que mi corazón
se debilita por tu ausencia.

Cuando en el cristal
las gotas toquen la sinfonía invernal
en húmeda canción,
sabrás que no hay consuelo
y que el llanto enturbia mis ojos.

Cuando la noche en el día aparezca
sin el velo del crepúsculo,
en silencio y sin razón...
sabrás entonces, sólo entonces...
que mi corazón rompió
las cadenas mortales del amor.

AMOR INMACULADO

No hay amor que pueda darte
que esté libre de defectos,
porque eso es lo que soy
y no puedo dejar de serlo.

Mi mayor virtud eres tú;
haberte descubierto en mi alma,
madurarte en mi esperanza
y cobijarte en mi corazón.

Y qué estoy haciendo ahora…
no sé, tan fácil así, no sé,
me pongo a desandar el camino
que tanto me costó llegar.

¿Por qué siempre es tan difícil?
¿Por qué seguir a prueba?
Es tan grande y porfiada la envidia
que ni los propios dioses
soportan compartir la dicha del amor inmaculado?

Porque es lo que es,
un amor inmaculado
lleno de dolor y de espera,
de culpa y de pasado,
de presente sin futuro
porque es eterno como el viento
y más profundo que el universo.

Ese amor inmaculado
que me rinde a tus pies
dando gracias cada día
que despierto a tu lado.

Gracias por llegar a mi corazón
y llenarlo de luz,
de esperanza y dulzura,
y despertar del letargo, la pasión.

Te amo…con todos mis defectos.
¡Por los cuales, pido perdón!!!

¡EL AMOR ES MAS FUERTE!!!

El amor es más fuerte
que el viento fugaz de una bofetada,
más ardiente y placentero
que una fogata invernal.

Es más suave y tibio que la brisa de la primavera; tiene
el poder de confortar la angustia, del beso y el perdón,
de la palabra y la absolución, que sólo el corazón es
capaz de interpretar.

El amor es más fuerte,
que el llanto de un niño o la angustia de una madre, más
adulto que el gimoteo infantil de una lágrima en el ocaso
de una relación.

El amor es el significado de la vida,
el preludio audaz de un soneto
en la algarabía inocente de un carnaval;
una mirada fugaz en una noche tibia de luna llena.

Cada mañana me pregunto
qué sería del sol sin tus ojos,
 el despertar sin la tibieza de tu voz
acariciando mis párpados somnolientos
en una mañana primaveral.

El amor, es tu sonrisa dando a mi corazón la fuerza necesaria para seguir latiendo, es tu mirada intensa que anuncia pasión cuando se oculta el sol, es la caricia de tus manos en mi alma, el amor.............eres tú!!!

EL CAMINO

En el camino dejamos
la eterna simplicidad del no sé,
la voluminosa carga del quizá,
la mochila de la duda
consecuente paradoja de la verdad.

En el mismo camino,
levantamos la intensa luz
que ciega nuestra alma,
la piedra que nos hará tropezar
para recordar más tarde
la enseñanza que nos dará.

Y torpemente regresaremos
al camino tomados de la mano
aprendiendo del pasado,
mirando en el horizonte
el sol que comienza a asomar.

EL REGRESO

Todas las partidas
están llenas de regresos.
Qué soledades
no tienen sus encuentros.

Los soles tienen sus lunas,
los amaneceres el rocío,
los vientos tienen sus dudas
y el corazón sus olvidos.

Pero no saben de partidas
aquellos que no regresan,
tampoco de silencios
los que tienen soledades.

La tristeza y la angustia
se quedaron contigo,
el día de la partida
esperando el próximo regreso.

Pero nunca hubo regreso,
y la partida se hizo eterna,
tu reloj detuvo su marcha
y congeló tu cara serena.

Todas las partidas
están llenas de regresos,
y tu partida, jamás supo eso.

EL VESTIDO

En un día como el de hoy, fue que la conocí. La vi junto a la vidriera, sus ojos recorriendo aquel vestido con la esperanza de que algún día pudiera vestirlo.

Esa vidriera, a través del tiempo, se convirtió en una parada casi obligatoria, mágica, como si con ella reforzara el deseo tan íntimo que tenía de vivir el aquí y ahora del día a día.

Era realmente un vestido muy elegante con encaje y gasa, salpicado delicadamente con estrás para no parecer un arbolito navideño; la espalda con escote pronunciado y por delante una gargantilla, porque a ella los escotes nunca le gustaron ya que sus senos no son voluminosos y con el paso del tiempo... cada vez menos. Pero sí le fascinaba el escote atrás porque siempre lo encontró sexy, alentador, para que esas manos que tanto añora recorrieran centímetro a centímetro su espalda con la caricia de una seda, culminando en aquellos abrazos interminables, fogosos, pero con la ternura de quien ama desde lo más profundo de su alma, convirtiendo ese momento en algo sublime, mágico.

Viéndola día tras día, me preguntaba por qué le atraía tanto ese vestido. La moda nunca fue mi fuerte, pero podía darme cuenta que no era para un coctel o una fiesta. Era un vestido totalmente negro, largo, oscuro y… misterioso.

Esta convicción me llevó a interesarme más por esta dama, curiosa, enigmáticamente delgada, silenciosa como una sombra.

El tiempo transcurrió, días con sus semanas y semanas con sus meses, exactamente siete. A pesar de que la vidriera había cambiado decenas de veces de aspecto con todo tipo de prendas, inexplicablemente el vestido seguía en su lugar.

De repente, me encontré dentro del local observando lo que siempre hice a quince metros de distancia, ahora a tan sólo un metro escaso. Realmente fue asombroso poder estar tan cerca y me dediqué, casi inconscientemente, a ver detalles, terminaciones que me llevaran de alguna forma al sentimiento de esta dama por ese vestido. Estuve cerca de treinta minutos mirándolo de un lado, de otro y, solamente podía ver un vestido negro.

En eso, se acerca con una media sonrisa un señor canoso, un poco encorvado, con un bastón, arrastrando imperceptiblemente su pierna derecha. Se pone junto a mí y mirando el vestido deja escapar un poco de aire, con una voz profunda y suave dice: - "Curioso verdad?"

... giro mi cabeza hacia la derecha y lo miro preguntando sin pronunciar palabra. Exhala otro poco de aire y dice: - "Realmente curioso".

Sin quitar los ojos del vestido continúa diciendo: - "Este vestido ha estado aquí por siempre y cada día de cada semana, de cada mes, de cada año, y van quince, he cambiado las prendas cientos de veces y nunca pude tocarlo. Hay una dama que siempre pasa por acá y se detiene a verlo; al principio como una persona más que recorre una vidriera, pero al transcurrir el tiempo me fue ganando la curiosidad ya que la dama, pasa todos los días a la misma hora y se para frente al mismo vestido. Agudicé mi poder de observación y comencé a notar cosas, detalles... Disculpe quizás lo estoy aburriendo", me dijo. – "De ninguna manera" le contesto. Entonces continuó: - "Comencé a notar detalles en su aspecto personal; a simple vista parece una mujer más, con un físico poco llamativo, como dicen los chicos ahora "del montón", muy delgada sin ser esquelética, piel muy blanca casi albina, y un cutis terso con esa sensación de ser muy suave al tacto. Las manos son muy delgadas, con algunas manchas, sus facciones son suaves, los pómulos un poco marcados, mandíbula de contorno suave, cabellos negros y ojos grandes color miel. Aún se nota su porte, su cadencia al caminar; brazos largos suavemente torneados, hombros y cuello elegantes…".

Se detiene un instante para continuar: - "Hasta acá, una mujer normal, pero lo curioso son sus ojos, su mirada.

Después de observarla durante tantos años, su mirada ha sido siempre la misma, antes de llegar a la vidriera parece ausente, vacía, pero al enfrentar el vestido y, luego de unos minutos, se van notando los cambios. Su mirada comienza a encenderse; se ve en el fondo una luz pequeña pero brillante, luego sus párpados bajan un poco dando paso a la melancolía y los recuerdos del amor que por su ausencia dejan un profundo dolor... ¿Lo estoy aburriendo?", me dijo. – "No, de ninguna manera", contesto; "es más, estoy aquí justamente para tratar de conocer un poco más a la dama misteriosa y usted, con su relato, me ha ayudado a completar la imagen que de ella buscaba. Pero, aun así, no hemos podido develar el misterio del vestido."

Me retiro de la tienda complacido, saludo al comerciante y me alejo de allí para que nuestra dama no me vea.

Esa noche, en mi habitación, recordé cada palabra de nuestra conversación en la tienda, y había un detalle muy claro: esta dama hacía quince años atrás le había ocurrido algo muy doloroso y no exactamente la pérdida de un familiar, sino de alguien más significativo en su vida, su esposo.

Llegué a esta conclusión por su estrecha relación con el vestido, nunca sería por un familiar más, pero sí por su esposo. Entonces, comencé a entender por qué fui elegido para estar aquí, por qué era ella la respuesta a mis preguntas. En ese instante surgió en mi mente la historia insospechada:

"Una noche de verano en aquella playa con sus aguas bañadas por la luz de una hermosa luna, se juraron amor eterno. Amor que vivieron cada día, de cada semana, de cada mes, de cada año durante cuarenta hermosos años, hasta que la mano del destino le arrebató sin aviso ni consulta a su amado esposo".

Entonces luego de un tiempo de tan trágica pérdida, una tarde pasó por aquella vidriera y por el rabillo del ojo vio algo que llamó su atención, "El Vestido". Se paró allí y lo miró largamente no recuerda cuánto tiempo; cuanto más lo observaba, notaba que, junto a él, inexplicablemente, veía una imagen... la imagen de su esposo.

"No es posible!", balbuceó.

Nerviosa y tratando de prestar atención, se dio cuenta que su esposo gesticulaba y parecía hablar. Eran tantos los nervios que tenía, que hasta mucho tiempo después no se percató que su esposo le hablaba a ella y era tanto el esfuerzo que hacía para entenderle que cada jornada terminaba exhausta. Hasta que un día, no encontró su imagen junto al vestido, y su corazón dio tal vuelco que tuvo que sostenerse de la pared para no caer. Cuando se hubo tranquilizado, respiró profundo dos o tres veces y, al volver la mirada, su imagen apareció, y ese día sí pudo escucharlo.

Su voz, profunda y suave, casi le susurraba todo el amor que tenía hacia ella y le dio una noticia: que pronto estarían juntos por siempre. Ella se desesperó y él respondió: - "pronto mi amor, pronto; mientras estaré para ti siempre aquí, hasta que ese momento llegue".

Se desesperó nuevamente y él dijo: - "cuando El Vestido esté listo para ti, ese día será".

Su confusión era tan grande que no logró descansar y al otro día, luego de su jornada, llegó rápidamente, casi sin aliento hasta aquella vidriera donde se encontraba el vestido misterioso, "su Vestido".

Esa tarde, con la ansiedad de encontrar un indicio para darse cuenta cuál sería el momento, corrió a su hogar y recién al llegar se dio cuenta que no había visto a su esposo y, con un sentimiento profundo de culpa, tampoco pudo descansar.

Al otro día casi sin pensarlo volvió a la vidriera y allí estaba nuevamente él, para acompañarla y, a partir de ese momento, ella pasaba por allí todas las tardes camino a su casa, llevándose ese brillo mágico en sus ojos.

Hasta que una tarde cálida de resplandeciente luna, ella por fin entra en la tienda y yo, observando atentamente, veo como el comerciante con infinita delicadeza descuelga "El Vestido" de la vidriera luego de quince años y siete meses.

Al poco rato sale la dama de la tienda y yo me encuentro allí, casi junto a ella, mirándola como hipnotizado. Ella me sonríe de la manera más dulce y tierna que jamás había visto, y con su voz un poco nerviosa pero firme y suave como terciopelo me dice: - "Tendría la gentileza de acompañarme hasta mi casa para ponerme el vestido? Prometo no demorarme, es que mi esposo me está aguardando y no sería correcto hacerle esperar."

Sin poder pronunciar palabra, la acompañé en silencio. Con paso rápido y apretado salvamos la distancia desde la tienda hasta su casa.

Llegamos casi jadeando y de repente nos encontramos en su habitación. Me solicita que la ayude con el vestido; mis ojos se agrandan, y tranquilizándome dijo que su esposo no se va a molestar.

Dicho esto, y ante mi asombro, surgen entre mis ropas unas enormes y hermosas alas,

¿- "Qué significa esto?", me pregunto.

En ese momento ella gira mirándome y en su cara se dibuja una tibia sonrisa.

Sin pensar me encuentro diciendo: - "Mi querida señora, su esposo me ha enviado para guiarla hasta él y sellar así su amor eterno, el que se juraron aquella noche de verano, igual a ésta, con el más tierno y dulce beso que hizo ruborizar hasta la luna".

Con la sonrisa más grande que he visto y el brillo del universo en sus ojos, se cuelga de mi brazo y me dice susurrando:

- "Vamos entonces, no hagamos esperar a mi amado esposo, a mi eterno amor".

ENCONTRARTE

Qué sorprendente encontrarte,
y el amanecer llevó luz a mis cansados ojos de visión
borrosa y escasas lágrimas.

Qué sorprendente encontrarte,
y asomándose tímidamente el sol
fue entibiando mi rostro
curtido de soledad.

Qué sorprendente encontrarte,
y las huellas profundas en mis cansados párpados fueron
suavizando mi mirada lánguida llena de noches y escasa
de días.

Qué sorprendente encontrarte,
cuando mis manos laceradas de tanto ayer, rozan la tibia
frescura de las tuyas
sintiendo la caricia que habían olvidado.

Qué sorprendente encontrarte,
ya mis huesos ruinosos de curtidos golpes, comenzaron
a enderezar su triste figura, cuando tus brazos rodean mi
espalda con la ternura de un, te amo.
Qué sorprendente encontrarte,
cuando mi corazón seco de dolor,
incapaz de creer en una oportunidad,

se encuentra con el tuyo, sin querer pensando, sin querer
buscando y por fin encontrando.

Qué sorprendente encontrarte,
luego de renunciar tantos años,
con el corazón apretado en lágrimas...
y poder al fin decir… "TE AMO"

ESTOY... PERO SIN TI

¿Recuerdas nuestras mañanas?
el sol atravesaba la ventana,
y escondíamos el rostro
entre las almohadas.

Recuerdo esa cara tuya
de complicidad infantil,
yo, pasando mi brazo sobre tu cabeza desaliñada y tú,
cayendo en mi pecho rendida
buscando mi calor y la caricia presentida.

Después de acomodarte
levantabas tus ojos risueños,
con el brillo cómplice,
y entreabriendo los labios
me invitabas al amor.

En las noches sin madrugadas
pintamos óleos de colores suaves
y siluetas confusas.
Pintamos días y años,
y en el lienzo del corazón los colores se
diluyeron y la realidad golpeó esa noche nuestra puerta,
ocultando fantasías, sacudiendo nuestro edén.

El tiempo pasó, pero el amor inalterablemente joven nos
acompañó en el camino que juntos decidimos andar.
Nos miramos con amor triste, sin tiempo ni estación, y
con dulce en los labios compartimos un beso fugaz,
robado.

Y así, el día se fue,
la noche se instaló en mis ojos,
y guardé en mi cansado corazón
el dulce néctar de tus labios
llevando conmigo la eternidad,
dejándote mi recuerdo y el "te amo" suspendido en un
"Estoy...pero sin ti"
pero con un "siempre estaré a tu lado"

FALLECER EN MI DOLOR

La voz de mi dolor,
sólo es escuchada por mi corazón
porque en la batalla estoy solo,
y en él se queda para fallecer.

La voz de la preocupación,
sólo es escuchada por mi corazón
y sólo en mi rostro una arruga crece,
y en él se queda para fallecer.

La voz de la angustia,
sólo es escuchada por mi corazón
porque a nadie puedo trasmitirla,
y en él se queda para fallecer.

Qué soledad más siniestra
y qué silencio abrumador envuelve mi corazón; quisiera
llorar hasta el dolor, y no puedo, y mi soledad es más
profunda.

No puedo contar, no puedo decir, porque el decir es
descubrir y eso es lo que no puedo.
Porque si develo el misterio de mi dolor, mi corazón
seguiría en la sombra de la angustia, en pecado y sin
perdón.

Esta prisión me desvela en las noches y me tortura durante el día, no hallo consuelo, ni un rincón donde llorar, sólo sangrar en mi alma queda,
y esta noche, también fallecerá. -

GRACIAS POR ESTE DÍA...

Si alguna vez los rayos de sol
no brillan en tus sueños,
los recuerdos mostrarán
su fulgor entibiando tu alma.

Si tus manos de piel fina y rugosa
se estremecen en el vaivén de las hojas
mecidas con la brisa del otoño,
recordarás los amigos y la eternidad que se acerca.

Si tus ojos se aturden,
por aquella vieja foto
en la cómoda de los recuerdos…

Te mirarás al espejo y tus dedos temblorosos alisarán tus
cabellos que han cambiado de color casi agotado, con el
paso inexorable del tiempo y con un gesto de triunfo
dirás:
"Aquí estoy Señor, viviendo otro día de mi vida con el
mismo anhelo y amor que me enseñaste"

LA MADRE QUE LOS PARIÓ...

Y si vuelven al nido, de visita,
quién sabe, algo se dirá,
esconderé en mi alma
los ojos llenos de amargo dolor,
testigos silenciosos de llanto y soledad,
que ahora, sólo recuerdos son.

Y si vuelven al nido, de visita,
sólo trataré de tener paz,
de recordar otros tiempos,
de grititos, risas frescas y cantarinas,
reclamando atención.

Hubo momentos difíciles,
de incertidumbre y dolor,
donde mi corazón no encontraba paz,
donde la oración fue la única opción.

Esos momentos, sólo son recuerdos
como recuerdos son, la túnica,
sus dibujos, sus llantos, sus besos,
sus abrazos y su amor.

Del mayor, la patineta solidaria
en tantas tardes de sol,
saltos y golpes, triunfos y broncas,
pero alto de orgullo y valor.

El menor con enormes ojos,
bochones color de sol,
con sus manos y pequeñas rodillas
teñidas de negro, verde y marrón.

Entonces… ese día, cuando vuelvan al nido, de visita,
sólo abriré la puerta… como siempre,
y con amplia sonrisa, diré:

- "Hola, ¿cómo están?",

los abrazaré y besaré;
y en mi corazón repicarán estas palabras:
"Mis hijos siguen siendo, y son…
Porque esta madre…los parió"

LA MIRADA

La tarde, el gris, la lluvia, y la mirada a través de la ventana, clavada en el mar plomizo y sereno trayendo la amenaza del temporal.

Poco después, una a una las gotas, comenzaban la danza de su repiquetear en el vidrio de la ventana, sacándote de tus pensamientos, llenando la habitación de un suave golpeteo.

Fijando la vista en tu horizonte, descubres en la memoria el color del amanecer intensamente amarillo y azul, con chispas blancas y más allá tu mirada perdida, descubre el verde de unos pinos que muy erguidos te observan desde su silencioso mecer.

Tu mirada fija y perdida escudriñando entre sus ramas los rayos tímidos de luz, que asoman para sorprenderte con su fulgurante picardía, buscando tu sonrisa que adivinando no se hace esperar, y que, al abrir tus labios, tus dientes destellan en su blancura esos pequeños rayos de ternura, que logras que tus sentidos capten.

Y en todo, vives y logras que el atardecer, tu atardecer, sea tan maravilloso en la memoria, que lo repites una y otra vez, logrando que los grises se conviertan en maravilloso arco iris y que las gotas sean cálidos pensamientos, que manan del cielo para ti.

El olor del mar te embriaga una vez más para no dejarte pensar, que tus ojos, estando... no están, pero que guardas en su retina transparente, ausente, cada momento lleno de formas, luces y colores que alojaste en tu corazón y revives, cada vez que tu alma se pinta de gris.

Todas las mañanas con sus tardes, abres el telón en el imaginario de tu memoria, para dar paso a los colores y la tibieza de su brillo, llenando tu corazón de luz y vibrando en tus oídos esa vieja tonada lánguida nacida en el piano de tu infancia, que te acompaña desde siempre, pintando en tu piel cada nota y sus compases, que tus dedos repican en la mesa de la sala, compartiendo con el silencio esa emoción.

Cuando algún sentido cansado o enfermo nos abandona, siempre nos deja el recuerdo, maravilloso latido extra, para enseñarnos que la vida vale la pena vivirla... hasta el final. -

EL PERDÓN

Si perdón pidiera
y tu darme pudieras,
que feliz darías
a mi corazón alegría.

Más si perdón pidiera
y tu darme no pudieras,
desaparecer me hiciera
a mi corazón en miseria.

---------- o ----------

SOLEDAD, PORFÍA Y AMOR

La soledad es el resultado
de nuestras derrotas.

La porfía, es la señal
de nuestros triunfos.

Más el amor, será la llama eterna
que ilumine nuestro camino
hacia la eternidad.

AMOR EN SILENCIO

Hay tanto amor en nuestro silencio,

que sosteniendo tu mano

podemos enfrentar tempestades

donde nadie se atreve.

Hay tanto amor, que sin decirnos nada,

lo comprendemos todo

y en nuestra mirada brilla la esperanza

que nos impulsa a caminar juntos,

hacia el horizonte del Universo,

y perdurar en nuestro amor.

NO ELEGIMOS

Muchas veces no elegimos, simplemente estamos en el momento y lugar correcto y vemos aquello que otros no podrían ver.

La oportunidad... de poder cambiar,

la oportunidad de pasar de ser algo, a ser alguien con identidad.

Vemos que la vida nos da esa oportunidad, esa chance de poder doblar la línea del destino, y lo hacemos. Volcamos toda nuestra esperanza casi extinguida, ya sin fuerzas y nos aferramos a aquello que nos fue retaceado durante tanto tiempo. Que soñamos, que deseamos, que anhelamos... que vivimos en nuestros sueños más íntimos.

¡Ay amor! tan lejano en mi corazón.

Y por fin te siento. Y por fin te percibo.

Y por fin... estás aquí.

En una mujer, sólida pero tierna, suave y dulce como el algodón aterciopelado de la nube. Fresco y delicado como el perfume de una tierna flor.

Etéreo como el pensamiento, pero firme como el rayo del sol que cae en el horizonte, buscando entibiar las aguas del mar, para descansar de tan larga jornada.

Si supieras... tan sólo si imaginaras que mi vida depende de ti.

Nunca podría darte tan tremenda carga, pero no puedo evitar declararla, porque de otra manera jamás tu corazón sabría, que estoy aquí y que sólo estoy aquí, porque tú estás.

Porque si así no fuera, no podría existir, y si existir no pudiera, no habría razón de amor que me retuviera.
Sí, así se plantean las cosas, enterada debes estar que mi existencia tiene un propósito... y ese propósito... eres tú.
No puedo ocultar mi desdicha, cuando en tus ojos veo rencor, reclamo y dudas. No puedo ocultar mis lágrimas, que solo llora mi corazón cuando en reproches de ira tus palabras se abalanzan sobre mi corazón.
Pero no digo: "Sin razón".
Porque razón tienes, pero que mal nos hace las heridas, para nuestro tierno amanecer, recién escalando la falda de la montaña para que los suaves rayos del sol nos acaricien la piel dándonos la bienvenida, y tantas piedras, grandes, pequeñas, difíciles, pero siempre...piedras.
Pero seguiré, firme, audaz, con esperanza y fe, como siempre caminé, por la estrecha vereda de la incertidumbre y dando mi mejor perfil
para que el golpe, deje su huella de sabiduría y con ella pueda iluminar el camino que me falta por recorrer.
Sé que no es fácil. Pero "Te Amo".
Nunca, nada me resultó fácil.
Nacer, crecer, pararme en la vida y tener identidad. Pero al encontrarte, percibí que la vida me daba
"Una Oportunidad".

Y, la vi en tus ojos, en tu mirada, invitándome a probar, empujándome a ser diferente, abrazarme por fin con lo que siempre busqué, sabiendo que en ti puedo sanar.

No es casualidad, que hoy estemos juntos, aunque sea a los tropezones, sin tiempo, sin espacios para dibujar nuestras formas. No es casualidad, que tú mirada, hoy, siga tan clara y nítida en mi retina, en aquella foto.

No es casualidad, que hoy esté enamorado de ti, y te lo muestre y demuestre cada vez, en cada detalle, por más pequeño que éste sea.

Tengo mi corazón aferrado a una creencia,
"El Amor y la Pareja Unida, pueden vencer cualquier prueba, por más dura que ésta sea".
"Mi amor por ti, está más allá del bien y del mal.
Mi amor por ti, es luz, pureza y dolor."

PIENSA EN MÍ...

Si el pensamiento enturbia la razón
y no permite que tus ojos vean con claridad.
Si tu ilusión se ve mancillada
por la intolerancia, o el desamor.
Piensa en mí…

Si a la hora de tomar una decisión
el pulso te juega una mala pasada.
Si los latidos de tu corazón
se desbocan y te hacen brincar
Piensa en mí…

Piensa en mí…porque al hacerlo,
sentirás un calor en las mejillas,
un brillo inusual habrá en tus ojos,
la garganta no se te anudará.
Y si todo esto resultase poco...

Toma esa manito tibia y cariñosa
que en su lenguaje dice:
"Mamá, estoy contigo"
 y….piensa en mí.

Piensa en mí…

que siempre estaré para ti.

PORQUE NO ME SORPRENDO...

En la vida lo repentino sorprende,
pero nunca me sorprendí,
porque cada vez me hacía sentir,
que nada me podía sorprender.

Porque no me sorprendo cuando te espero.
Porque no me sorprenden tus palabras,
porque no me sorprenden tus silencios
más dolorosos que una bofetada.

Porque no me sorprende ese gesto intolerante,
ensayado quizás, para decir: "no estoy de acuerdo".
Porque no me sorprende ese frío
que tu mirada refleja en el espejo,
destruyendo el más noble sentimiento.

Porque no me sorprende la mañana,
asomándose en la cama
y escucharte balbuceando "Buen día"
o la noche anunciando tu llegada,
y ensayando sin éxito un,
"Hola, cómo fue tu día".

Quizás alguna vez pudiera sorprenderme,
tal vez no.
Las probabilidades de la sorpresa
no están en mi corazón,
en mis recuerdos sólo hay dolor,
y muchos silencios sin razón.

Amándote hasta el dolor
en la porfía de llenar espacios,
me descruzo los dedos,
esperando el momento
que me pueda sorprender.

QUE TAN LEJOS PODEMOS IR...

Qué tan lejos podemos ir cuando no hay distancia,
qué tan cerca podemos llegar
si la distancia nos aleja,
qué tan lejos estarías de no haberte encontrado
qué tan cerca estarías si yo me hubiera alejado.

Siempre se trata de cerca y lejos
siempre se trata de ellos o de nosotros,
siempre se tratará de alguien y de nosotros
por eso siempre debemos estar...
un poco lejos... y un poco cerca
para no perderte
para no perderme, y no perdernos.

Por eso siempre debemos estar...

Donde el mar se une con el cielo
donde el sol se acaricia con la luna
donde la arena se funde en la ola,
que la abraza para irse con ella.

Como lo hago cuando tomo tu cintura

y estrecho tus labios en los míos
fundiéndonos en una eterna caricia,
en un infinito abrazo de temblores y sollozos de ángeles
anunciando a su majestad... el amor.

Oh... amor, bendecido por Jesús
y anunciado por María madre santa,
has llegado a mi casa, a mi corazón
con ese dolor infinito y dulce
de las lágrimas, que ahora recorren mi rostro, acarician
mis mejillas, y bendicen mi alma, por haberte
encontrado María, mi María del Rosario, bendita entre
todas las mujeres y anunciada en la vida eterna, como la
luz que acompañará mi corazón, cansado y triste, hasta
la eternidad.

Qué decirte que no esté escrito,
qué demostrarte que no esté demostrado,
sólo busca en tu corazón y encontrarás
cultivada la miel del mío.

En el amor niño, lleno de inocencia maltratada,
manoseada sin compasión;
en el amor adolescente, solitario y maduro de ausencias;
en el amor viejo, olvidado en un rincón del alma, año
tras año formando esas cicatrices que dejan el surco
profundo de tantas soledades.

Del amor que fue y se perdió en una grieta del corazón,
de la pasión olvidada... en alguna parte de mí, en el
dormitorio, de un... te quiero
rebotando en mi chaleco de huesos
esperando encontrar donde recalar
sin permitirme soñar, sin permitirme vivir.

Como explicarte qué me pasa,
cómo decirte aquello
que los antiguos nunca se atrevieron.

Hoy nosotros lo descubrimos,
el amor de María por su hijo,
el amor de Jesús por los hombres,
el amor sin tiempo,
el amor sin espacio,
el Amor... inmenso Amor.

EL NOMBRE DEL AMOR

Es tu rostro el que encontré
un día sin saber.
Y en ese instante lo soñé,
mi espera se detuvo,
mis angustias fueron esperanza
y las añoranzas, la realidad.

Y en ese rostro soñé
los ojos más hermosos,
el brillo tenue de la pasión
que me mostró el amor intacto
de una flor aún en cautiverio.

Y repasando tu imagen,
me detuve unos momentos en tus labios,
en esa media sonrisa, buscando,
la esperanza de un "Te quiero"
susurrado en el temblor de un beso.

Imaginé una seda, y fue tu piel
tersa luna juvenil,
verdadero néctar de miel,
que el paso sutil del tiempo nunca rozó.

Imaginé tus cabellos,
enredados en mis dedos
en una larga caricia,
de aromas y sabores
hacia el amanecer.

Pero nunca imaginé,
que el amor llevara nombre,
que el amor tuviera rostro,
que el amor no fuera etéreo.

Que mis desvelos,
hoy son el sueño de la conciencia
que despertó mi corazón aletargado,
son el sueño de la fe,
y "Rosario" es mi fe,
son el sueño de la esperanza
y "Rosario" es mi esperanza,
son el sueño del amor

y "Rosario" …es El Amor,
largamente soñado.

SI ESTÁS, ENCUÉNTRAME...

Para ti, he soñado el sol,
y he soñado el mar.
Por ti, me hundí en mi alma
y traje mi dolor para que alivies,
y mi amor para darle calma.-.

Por ti, he soñado la luna y el cielo claro,
para llenar de luz tu corazón.
Por ti, he soñado un sueño,
un cuento de tus cuentos,
que de niño-hombre siempre imaginé
en el fondo de mi desconsuelo.

He recorrido veredas eternas
de sueños y soledades,
buscando una señal de amor
y aplacar así, la melancolía de mi corazón.

He recorrido senderos interminables

desde los límites del tiempo,
que la llama de la fe
alumbró cada día transcurrido,
cada mes y cada año.

Y aún en mis cansadas manos
pude sostener el dolor del paso del tiempo viendo como
el niño ya era hombre, y el hombre convertido en
anciano.

Y entonces, el calvario se rinde
y encuentro a la vera del camino,
una rosa suave y fresca
que inunda mi alma con su dulce aroma
sellando mi búsqueda…
enterrando mi aflicción.

Por eso, mi amor…
 "Si estás…encuéntrame"

SI ME OBLIGAS

Si me obligas a mirar,

te voy a decir que no veo.

Si me obligas a caminar,

te diré que estoy cansado.

Si me obligas a estar a tu lado,

seguramente me iré.

Sin embargo,

si abres tu corazón,

sabrás que puedo ver,

sabrás que no estoy cansado,

sabrás que siempre dije la verdad

y que jamás...

jamás me iré de tu lado.

SIEMPRE ESTARÉ

Y a la vera del camino,
sentado te veré pasar,
sin que el sol refleje mi piel,
sin que la brisa mueva mi cabello.

Sin que la lluvia torture mi desnudez.
y tu mirada atraviese la mía,
para que no veas la oscura soledad
de mi corazón ausente.

Ya no estaré aquí, sin embargo,
sentirás mis ojos acariciando tu cuerpo
y sólo será la brisa;
sentirás mis labios, y será el susurro
de las hojas sobre tus mejillas
secando tus lágrimas tristes.

Y sentirás mis manos,
estremeciendo tu corazón de emociones

despejando de tus ojos la soledad,
acariciando tu alma,
y dejar en tu boca...
la esperanza de la eternidad.

SIMPLEMENTE TÚ

El silencio de tu mirada

vale más que mil palabras,

y en cada línea un trozo

del Universo.

Una sonrisa en tus labios

es el amanecer luego de la tormenta.

Con un te quiero, desafiante

dibujado en el beso.

Y el brillo de tus ojos,

anuncia el placer de compartir

ese silencio y esa sonrisa,

en una tarde junto al lago de nuestras

ilusiones. -

SIN TI

Sin ti…
 El tedio sería muerte,
la soledad una mala suerte
y mi corazón, vergüenza
en una tempestad.

Sin ti…
Las frases no están completas,
tu sombra son sólo siluetas,
oscura letanía
sin descanso, ni paz.

Sin ti…
Mi corazón no latiría,
mi verba fallecería
y, en lánguida muerte, mi musa
caería para no despertar.

Sin ti, sin ti, sin ti,
no puedo pensar,

no puedo sentir
y menos soñar.

Sin ti, no tengo paz
y mi existencia sólo es dolor.
Sin ti, la tormenta me atraparía
para darme muerte segura
en la soledad de mi habitación.

SINCERO ETERNO

En el sincero eterno de la duda,
descansa la malicia,
esperando su oportunidad
de resurgir en el desierto
monótono de los sentimientos.

En el sincero eterno de la venganza,
descansa el odio,
esperando su oportunidad
a resurgir entre telarañas
tejidas en el silencio de la duda.

En el sincero eterno del dolor,
descansa la soledad,
esperando su oportunidad
para resurgir entre el recuerdo
recurrente de la venganza.

En el sincero eterno del amor,
descansa ahora en mi pecho
tú corazón castigado en otrora,

sensible y luminoso ahora,
voraz de sensaciones,
tanto tiempo inmerso
en la duda, el odio y la soledad.

SOLEDAD NUESTRA

Una soledad se dibujó

en tu rostro, en el atardecer

que el horizonte talló

con líneas sencillas, casi tristes.

Una soledad de surcos

cruzando tu frente,

delineando un dibujo burdo

de un pasado silente.

Esa soledad que mata sueños,

que oscurece rostros,

quiebra horizontes como leños,

arranca despedidas, en los encuentros.

La soledad, simbología del olvido

torna las vidas en muertes,

transforma el alivio en dolor,

que nos deja en el ocaso, inertes.

Superarla quisiera,

quitar del sol sus sombras,

sacar de mis ojos la venda

y buscar los colores de alondra.

Cruzando las sombras,

abriendo el corazón,

dejando entrar su vuelo,

quebrando el dolor,

el dolor de nuestra soledad. -

TANTAS RAZONES

Tantas razones para irse,
tantas razones para quedarse.

¿Qué hace?... un corazón
cuando se siente solo
entre el irse y el quedarse
entre el estar y no existir.

Qué duro sentirse solo
cuando a tu alrededor
te hablan, te invitan, te seducen,
y levantar la mirada buscando,
y sólo ves... nada.

El vació, la ausencia,
un lugar en la mirada de la nostalgia
que tiene aún en su retina aquella figura a fuego,
que lo ocupa todo,
que está en cada rincón de la razón,

en cada sueño del alma.

Tantas razones para irse,
tantas razones para quedarse.
Cuando ella al partir
te dejó su mejor legado de amor,
para que cuides y protejas
y proyectes todo ese amor ausente.

¿Tú?... pisas ramas espinosas
y vuelves el calor en frío,
lo tibio de tu sonrisa
en una mueca que te causa dolor infinito, esa doble
ausencia que desgarra tu corazón y gritas en silencio...
"Que cese este dolor!"

Como devolverle la cálida mirada de amor que ahora
empañan las lágrimas,
como quitarle el pesar de sus llegadas
con tanto dolor en su corazón.

Tantas razones para irse...
pero mi amor por ellas no me deja.
Tantas razones para quedarse...
y tanto dolor para irse.

TE AMO ASÍ, CON LAS TORMENTAS

Te amo así, con las tormentas,
con la lluvia húmeda en la cara,
contando las gotas que de mis ojos brotan tibias
y dulces del humedal.

Te amo así, con las tormentas,
con la luz de un relámpago que enciende
mil sensaciones dormidas,
olvidadas, tal vez perdidas,
que hoy tu amor hace regresar.

Te amo así, con las tormentas,
porque de ellas y por ellas,
a la vera de mis pensamientos,
siento que de tu mano el sendero es cierto,
y mis temores se irán durmiendo
hasta morir en la soledad.

Te amo así, con las tormentas,

porque de ellas aprendo que,
luego de su último aliento,
al final, "Siempre el sol brillará".

TE AMO HASTA...

Te amo hasta... el dolor,
porque este dolor no duele,
sana mi corazón y eleva mi espíritu
para recibirte
en lo más alto de mi alma.

Te amo hasta...el dolor,
porque el dolor del amor
se transforma en paz,
se transforma en caricias,
se transforma en lágrimas
que mis labios besan,
que mis manos secan.

Te amo hasta... el dolor,
porque es tan sublime,
que rompe barreras
que fueron colocadas
a través del tiempo
por la ceguera del alma.

Te amo hasta... el dolor,
porque a tu lado
se convierte en felicidad,
en esperanza que el tiempo quita,
en pasión que los años apagan,
en gloria caminando a tu lado.

Te amo hasta... la eternidad,
porque una parte tuya
sabía que yo existía,
y te puso en mi camino
para rescatarte, para rescatarme,
para rescatarnos
de esta soledad íntima y profunda.

Te amo hasta... el dolor
porque hacerlo,
me hace sentir... "vivo"

UN DÍA MÁS

Un día más comienza,
y en el despertar del sueño
la magia se desprende,
dando paso a la realidad,
mi realidad; tu realidad;
nuestra realidad.

Tres realidades, tres sueños,
tres esperanzas, tres deseos
que coexisten;
que conviven en las entrañas
de este gran luchador…el amor.

Un día más en nuestra historia,
que será grabado en nuestra esencia,
infinita luz que en su presencia
sólo somos un detalle en la memoria.

Un día más que compartir
tus sueños y mis esperanzas,
tus dudas y mis tristezas,
tus preguntas y mis respuestas.

Un día más para tomarte la mano
y en largas caminatas
mirarte a los ojos y decirte...
"Te Amo"

DE VUELTA A CASA

A la mañana, muy temprano, aquella mujer se levanta para cumplir. Cumplir con sus responsabilidades de madre, de esposa, de mujer, como todos los días. Disimulando su cansancio, estira sus brazos alejando la modorra, despejando la fatiga de sus párpados preparando sus cansados ojos para el nuevo día.

Respira profundamente y se pone en pie caminando rápidamente al baño, descolgando así de sus hombros los restos de pereza que el cansancio le coloca día a día sin tregua.

Pero esa mujer, está enferma y nadie se da cuenta porque lucha por sobrevivir; es tan cruel que no da tregua y no le deja tiempo para el dolor y continúa, un día tras otro, las semanas, los meses y así el tiempo avanza sin pausa, y su enfermedad... también.

Pero la vorágine de la realidad del vivir, de ser madre y renunciar a ser mujer por circunstancias que el destino trajo a la puerta de su casa, va dejando para más adelante, su enfermedad.

Inexorablemente el mal va tomando posiciones en su cuerpo y un día, siente que desde su interior la llaman, desesperadamente, pidiéndole atención, pero nuevamente echa la cabeza a un lado restando importancia, porque no puede detenerse a pensar en sí misma, no puede.

"Son tantas las cosas que tengo que hacer" - dice - "No tengo tiempo para esto"

Un día, tocan a su puerta, una llamada diferente, un sonido que no escuchaba hacía mucho.
Extrañada y curiosa se animó a responder, abriendo temerosa la puerta, vio un pequeño rayo de luz, suave, cálido, su brillo no lastimaba, y se animó. Abrió del todo la puerta y esa luz inundó su rostro, acarició su corazón y pidiendo permiso ella dejó que entrara.
Curiosa ansiedad y misterio había en sus ojos, queriendo entender; sin prisa, pero sin pausa.

Esta vez, sólo esta vez, sin prisa quería disfrutar de esa luz cálida que le traía paz a su alma y alivio a su cuerpo cansado.
Sólo esta vez, se permitió pensar en ser mujer, en sentirse mujer.

Y el tiempo transcurrió, esa luz comenzó a crecer. Creció la verba, en su almuerzo, en su descanso, en sus salidas y retornos, poco a poco se instaló en su vivir, en el dormir y luego... en el despertar.

Un día, se dio cuenta del tiempo que había estado dormida, dormidos sus sueños, dormidas sus esperanzas, dormido su corazón, y por primera vez, sintió que tenía algo más por hacer, algo más por qué vivir y dio ese gran paso.

La luz se transformó en amor y el amor en un agradable sosiego. Por magia de ese amor había desaparecido su cansancio, su pereza y hasta su enfermedad, volviendo el brillo a sus ojos y esa calidez que la esperanza trajo a su alma.

Tanto tiempo olvidada, tanto tiempo relegada y ahora redescubría los colores, los aromas y la tibieza cálida e insolente del sol.

Pero esa mejoría era sólo aparente y en un tiempo, al tener que redoblar sus esfuerzos, vuelve a aparecer esa sombra en su cuerpo, alojando nuevamente el dolor.

Pero esta vez fue diferente, dio crédito al llamado de su cuerpo y decidió hacer algo por si misma. Pensó, después de tantos años, que era tiempo de atenderse, de darse ese momento siempre relegado.

¿Por qué ahora? ¿Qué cambió?

¡Y rápidamente hecha los ojos atrás y se dibuja en sus labios esa media sonrisa, producto de un recuerdo feliz... se enamoró!!!

"Siiiiii, me enamoréeee!!!!" - dice -

Y siente en su pecho, crecer el brillo de esa luz que despeja tantos años de sombras y siente que hay algo más porque vivir.

Ella misma y ese nuevo amanecer, el amor.

Dejando atrás una historia y mirando al futuro para ir creando la siguiente.

Y en esa decisión, resuelve darle la cara al dolor, buscarlo, reconocerlo y dar batalla sin tregua, porque sabe que no está sola, que no volverá a estar sola; y que el luchar por los demás es hacerlo primero por uno mismo ya que no seremos útiles si no estamos.

Al principio fue duro buscar y reconocer, pero la luz no la dejó sola y siguieron adelante, contra el mal, contra la gente que no creyó en su realidad y que luego de mucho sufrir y llorar en silencio, terminan por entender que esa mujer también es humana, con derecho a enfermarse como cualquiera y con más derecho aún, luego de tantos años de dar lo mejor de sí, sin reclamar su Medalla de Cuero' e Sapo. (*)

Hoy a detenido el reloj, redobla sus jornadas, largas, abrumadoras, pero la luz se instaló en sus ojos, en su alma, en su corazón; la luz de la fe, la esperanza y el amor.

Dándole significado al regreso, sintiendo y renaciendo mientras se acerca a su hogar, sabiendo que es diferente, que nunca más le costará regresar, que al fin, dirá con emoción, "DE VUELTA A CASA"

(*) Remitirse al Escritor argentino Alberto Laiseca

HOMENAJE A CHINA ZORRILLA

(14/03/1922 – 17/09/2014)

Siempre serás poema en nuestro corazón,

pequeña golondrina que en su vuelo

nos deja su estela de color azul,

azul de cielo,

azul de esperanza,

azul de amor.